전자계집 2 : AI 룩북

1판 1쇄 펴냄 2025년 11월 17일
지은이 : 김캐릭
발행처 : 나혼자만 출판
가격 : 33000원
ISBN : 979-11-991664-7-9
주소 : 대전 동구 용전동 142-3번지 다담빌딩 3층 304호

이 책은 2025년 11월 2차 간행물윤리위원회의
심의를 통과하였으며
국제적 AI 윤리 연합체인 Partnership on AI(PAI)에서
제시한 책임 있는 AI 창작 원칙과 기준을 준수합니다.

화보집이 교정 교화에
도움이 될까?

물론입니다.
교정시설은 단순히 형벌을 집행하는 장소를 넘어, 수용자가 사회로 복귀할 힘을 회복하는 공간입니다.

교화적 측면 : 정서 안정과 심리 회복

다수의 교정 심리 연구에서, 시각적·문화적 콘텐츠는 수용자의 정서 안정에 직접적으로 기여하는 것으로 보고됩니다.

심리적 자극이 과도하게 제한될 경우 우울감·무기력·분노 조절 문제 등이 증가하지만, 적절한 수준의 시각적 문화물 제공은 감정 조절 능력 향상, 자기관리 의욕 회복, 심리적 안정 유지에 도움이 됩니다.

특히 미적·문화적 이미지 노출은 뇌의 보상회로를 활성화해 긍정적 정서와 안정감을 증진시키며, 이는 장기복역자·고립도가 높은 수용자에게 특히 유익하다는 연구 결과들이 있습니다.

수용관리적 측면:
시설 내 질서 유지와 긴장 완화

교정 전문기관들은 문화매체 제공이 갈등·폭력 발생률을 낮추는 완충 장치로 작동한다고 보고합니다.

반복적·폐쇄적 환경은 쉽게 긴장을 유발하지만, 일정 수준의 오락·시각 콘텐츠가 있으면 분노 표출 빈도 감소, 자기 체류 시간 통제 강화, 시설 내 분위기 안정 등의 효과가 나타납니다.

실제 여러 국가 교정청 보고서는 잡지·화보 제공이 수용자 간 불필요한 충돌을 억제하고, 교도관의 관리 부담을 낮추는 치안효과를 확인했다고 밝히고 있습니다.

건강한 가치관 형성

외부 자극이 지나치게 차단된 공간에서는 성적 왜곡·환상·불건전한 문화가 내부에서 자생할 가능성이 커집니다.

반면 검열·선별된 수준의 콘텐츠는
정상적인 성적 시각 경험을 유지하게 하여 왜곡된 환상이나 유해한 자료 유통을 예방하는 효과가 있습니다.

이는 "차단"이 아니라 **"건전한 수준의 관리된 제공이 더 안전하다"**는 현대 교정학의 일치된 결론과 부합합니다.

인권·회복적 정의의 관점: 인간적 존엄 유지

국제 교정기준(UN Mandela Rules 등)은 수용자가 인간으로서 필요한 기본적 문화·정보 접근을 강조합니다.

제한적이나마 잡지·화보와 같은 문화 콘텐츠를 경험할 수 있다는 것은 **"처벌받더라도 인간의 존엄은 유지된다"**는 메시지를 주며, 이는 회복적 교정의 핵심입니다.

존엄이 보장될 때 사람은 변화하고,
변화가 있을 때 사회는 더 안전해집니다.

사회 복귀 준비: 외부 세계와의 건강한 연결 유지

교정시설이 폐쇄적일수록 수용자는 외부 문화를 접할 기회가 적어 사회와의 연결감이 약화됩니다.

적절한 문화물 제공은 현실 세계와의 연결 고리를 유지시켜,
출소 후 급격한 사회 문화 격차로 인한 무력감·재범 위험을 줄여줍니다.

특히 세련되고 다양한 자극의 미적 감각을 담은 이미지들은
사회로 돌아가는 감각을 잃지 않게 해주는 완충 장치로 작동합니다.

긍정적 자기관리·자기표현 욕구 촉진

인간은 아름다움과 미(美)에 노출될 때
자신의 외모 관리, 운동, 건강 관리 등 긍정적 자기개선 욕구가 활성화되는 경향이 있습니다.

이는 실제 교정 프로그램과 연계될 때
금연·운동·정서 치료 등 전반적인 개인생활 개선 동기로 확장될 수 있습니다.

즉, 단순한 '사진'이 아니라 변화의 마음을 다시 일으키는 계기가 될 수 있습니다

모든이들의 하루가 조금 더 안정되고,
내일이 조금 더 기대될 수 있기를 바랍니다.

올아라캬
모얏김결코

MOTEL
모텔

고
당
봉

WELCOM
TO
GLORI

사청국방
라의원
두학진
한독방차
세무소람
야장직잠매
오릭막자
아음화
라리노원
오양굴치기
세만 배장압
대죄 국밥
431-566
오식당
창북국밥

혼인신고서

아시발꿈

AIFA - AI FEMALE ATHLETES

HIODINE
This Son in
essentie
Wess

Prompt Matrix